Ina Hesse

W0381367

Weihnachten in Gefahr

5 originelle Mini-Theaterstücke

PERSEN

Die Autorin

Ina Hesse, Jahrgang 1969, absolvierte ihr Studium – Deutsch, Musik, evangelische Religion sowie Pädagogik für das Lehramt an Grund- und Hauptschulen – in Oldenburg. Seit dem Jahr 1996 ist sie im Schuldienst in Niedersachsen tätig.
Bereits im Referendariat inszenierte sie mit den Kindern ein selbst geschriebenes Musical. Darauf folgten Theaterarbeit und diverse Aufführungen mit verschiedenen Klassen und Arbeitsgemeinschaften.

Gedruckt auf umweltbewusst gefertigtem, chlorfrei gebleichtem und alterungsbeständigem Papier.

3. Auflage 2016
© 2013 Persen Verlag, Hamburg
AAP Lehrerfachverlage GmbH
Alle Rechte vorbehalten.

Das Werk als Ganzes sowie in seinen Teilen unterliegt dem deutschen Urheberrecht. Der Erwerber des Werkes ist berechtigt, das Werk als Ganzes oder in seinen Teilen für den eigenen Gebrauch und den Einsatz im Unterricht zu nutzen. Die Nutzung ist nur für den genannten Zweck gestattet, nicht jedoch für einen weiteren kommerziellen Gebrauch, für die Weiterleitung an Dritte oder für die Veröffentlichung im Internet oder in Intranets. Eine über den genannten Zweck hinausgehende Nutzung bedarf in jedem Fall der vorherigen schriftlichen Zustimmung des Verlages.

Sind Internetadressen in diesem Werk angegeben, wurden diese vom Verlag sorgfältig geprüft. Da wir auf die externen Seiten weder inhaltliche noch gestalterische Einflussmöglichkeiten haben, können wir nicht garantieren, dass die Inhalte zu einem späteren Zeitpunkt noch dieselben sind wie zum Zeitpunkt der Drucklegung. Der Persen Verlag übernimmt deshalb keine Gewähr für die Aktualität und den Inhalt dieser Internetseiten oder solcher, die mit ihnen verlinkt sind, und schließt jegliche Haftung aus.

Illustrationen: Katharina Reichert-Scarborough
Satz: Satzpunkt Ursula Ewert GmbH, Bayreuth

ISBN: 978-3-403-23345-9

www.persen.de

Inhalt

Die Theaterstücke

Hinweis:

Zu jedem Theaterstück gibt es Ausführungen zu den Rollen, den Kostümen, zu Musik/Geräuschen und zur Bühnenausstattung.

Vorwort

Ein kleines, „feines“ Theaterstück für die Weihnachtsfeier – danach suchte ich alle Jahre wieder ... Und das mehr oder weniger erfolgreich! Um mir die langwierige Suche zu ersparen, begann ich schließlich, selbst diese kleinen Theaterstücke zu schreiben. Meine langjährigen Erfahrungen mit dem Kindertheater kamen mir dabei zugute.

Die Proben der Weihnachtsstücke bereiteten den beteiligten Kindern und mir viel Spaß. Die Aufführungen kamen beim Publikum gut an. Dem Persen Verlag gefielen meine Theatertexte auch. Und nun ist daraus ein Buch geworden, was mich sehr freut!

Zu den fünf Theaterstücken dieses Buches gehört jeweils eine Einleitung mit organisatorischen Tipps, die aus meiner Theaterpraxis erwachsen sind.

Ich musste mir schließlich Gedanken darüber machen, wo ich zum Beispiel kostengünstig (oder besser noch umsonst) viele Wichtelmützen herbekomme oder wie eine Wichtelwerkstatt ohne Aufwand auf die Bühne gebracht werden kann.

Neben den Theaterstücken findet sich in diesem Buch eine kleine Anleitung dazu, wie man Kinder auf das Theaterspielen einstimmen und vorbereiten kann, denn das „Aufwärmen und Einspielen“ ist wichtig für die gute spielerische Leistung der Kinder.

Bleibt mir nur noch eines zu sagen:

Ich hoffe, dass Sie bei Ihrer Suche nach einem weihnachtlichen Theaterstück in diesem Buch fündig werden und wünsche Ihnen viel Spaß bei der Theaterarbeit sowie eine gelungene Aufführung!

Ina Hesse

© Persen Verlag

Spiele zum Aufwärmen und Einspielen

Aufwärmspiele und Einspielübungen helfen Kindern, eine Vorstellung vom Theaterspielen zu bekommen und dies ganzheitlich zu erfahren.

Ohne Aufwärmübungen, so meine Erfahrung, lernen viele Kinder einfach ihren Text auswendig und geben ihn zunächst emotionslos wieder. Sie kommen oft gar nicht auf die Idee, dass sie ihre Rolle mit dem ganzen Körper spielen sollen. Man muss dann während der Proben häufiger eingreifen, Tipps geben und hin und wieder etwas vorspielen.

Die Zeit, die man für Aufwärmübungen verwendet, ist gut angelegt, denn dadurch wird die anschließende Probenarbeit erleichtert.

Die Vorbereitungen in einem Klassenraum sind schnell getroffen: Tische und Stühle werden an die Wände geschoben; die Stühle stehen in den Raum gewandt, sodass sie wie ein großer Halbkreis genutzt werden können. Wenn vorhanden, sind Sitzkissen bereitzulegen.

Im Folgenden skizziere ich einige bewährte Aufwärmspiele und Übungen zum Einspielen:

- Nach Ansage bewegen sich die Kinder auf verschiedene Arten durch den Raum. (Es wird dabei nicht gesprochen!) Sie können sich auch einfach von der Tafel zur gegenüberliegenden Wand bewegen. Wenn ein akustisches Signal erklingt (Klatschen, Triangel ...), wird eine neue Bewegungsart vorgegeben, zum Beispiel:
  → durch hohen Schnee stapfen
  → auf klebrigem Boden gehen (immer wieder kurz festkleben)
  → barfuß über heißen Sand gehen
  → vorsichtig auf Glatteis gehen
  → durch Wasser waten, sodass die Hose nicht nass wird
  → einen Einkaufswagen schieben, anhalten und etwas hineinlegen, weiterschieben
  → einen Hund an der Leine haben, der einen mitzieht
  → einen Hund an der Leine haben, den man ziehen muss
  → einen schweren Koffer tragen
  → vorsichtig ein Tablett mit zehn vollen Gläsern tragen
- Die Kinder suchen sich einen Partner und machen nach Ansage eine Partnerpantomime. (Bei ungerader Zahl darf es auch Trios geben.)
  → zu zweit einen Turm aus schweren Steinen bauen
  → sich einen Ball zuwerfen
  → einen Schneemann bauen
  → zusammen in einer Band spielen
  → eine Decke zusammenlegen
  → zusammen auf einem Pferd reiten (Trab, Galopp)
- Die Kinder sitzen im Halbkreis. Einzelne Kinder spielen pantomimisch Gefühle vor, evtl. mit Karten: z. B. wütend, traurig, fröhlich, ängstlich, gelangweilt, selbstverliebt („Du findest dich toll!"), angeekelt. Die anderen Kinder erraten das jeweilig vorgespielte Gefühl. Per Meldekette ist das nächste Kind an der Reihe.
- Nach Ansage oder akustischem Signal bewegen sich die Kinder „auf ihrem Schulweg" so, dass man ihnen ihren Gefühlszustand anmerkt (ohne Sprache!): Gefühle z. B. wie eben beschrieben.

© Persen Verlag

- Die Kinder machen eine Schneeballschlacht-Pantomime. Nach Ansage oder einem Signal ändert sich dabei der Gefühlszustand der Akteure: Mal werfen sie wütend, mal fröhlich … (Am besten zwei Gruppen bilden, die sich gegenüberstehen!)
- Stopptanz mit Gefühlen: Beim Musikstopp wird angesagtes Gefühl dargestellt.
- Stopptanz mit „Theatertod“: Beim Musikstopp wird angesagter „Theatertod“ gespielt, zum Beispiel vergiftet, erschossen, erstochen. Vorweg kann dies von einigen Kindern möglichst dramatisch vorgespielt werden. (Geschmackssache, aber den Kindern gefällt's.)
- „Weitergebgeschichte“ mit oder ohne „Theatertod“: Die Kinder sitzen im Halbkreis/in Reihe. Jeder muss die Geschichte mit einem Satz weiterführen. Erschwernis: Ein Wort (z. B. „und“) darf nicht verwendet werden. Der Einstieg in die Geschichte könnte z. B. lauten: „Ihr glaubt nicht, was ich gestern gesehen habe, als ich aus der Haustür kam!“ / „Gestern Abend ist in unserem Garten ein Ufo gelandet.“ / „Im Traum stand ich mitten in einem alten Schloss.“
  Fällt einem Kind nichts ein, wird bis zehn gezählt. Bei zehn oder wenn ein verbotenes Wort benutzt wurde, darf sich das Kind einen „Theatertod“ aussuchen und scheidet damit aus. Die „Theatertode“ sind so beliebt, dass es den Kindern nichts ausmacht, wenn sie in der Geschichte „gepatzt“ haben. (Kann man makaber finden. Die Kinder haben aber garantiert Spaß.)
- Kinder spielen Szenen vor (mit oder ohne Worte), die ihnen per Karte vorgegeben wurden. Die anderen erraten, was gespielt wurde. Beispiele:
  → Du gehst in ein Geschäft und möchtest einen Pullover umtauschen. Er ist beim Waschen total eingelaufen!
  → Du bist eine Mutter/ein Vater, die/der verzweifelt ihr/sein Kind auf dem Jahrmarkt sucht.
  → Du bist 104 Jahre alt und erzählst in einer Fernsehsendung, was man tun muss, um so alt zu werden.
  → Du bist ein Außerirdischer, der soeben auf der Erde gelandet ist.
  → Du bist ein Astronaut, der auf einem fremden Planeten landet.
  → Du sitzt in einer Riesenachterbahn.
  → Du bist ein Schiffbrüchiger auf einer einsamen Insel.
  → Du sitzt im Restaurant und beschwerst dich, weil das Essen ungenießbar ist.
- Sprecher + Pantomime: Ein Kind liest möglichst ausdrucksvoll, das andere Kind macht dazu Pantomime. (Man kann die Paare vorweg kurz vor der Tür üben lassen.)
  Die anderen Kinder applaudieren jeweils im Anschluss. Eventuell kann mit einem „Applausbarometer“ (Armbewegung nach oben), jeweils von einem Kind dargestellt, die Intensität des Applauses angezeigt werden. (Das machen Kinder sehr gerne.) Beispiele:
  → „Das finde ich total gemein von dir! Das hätte ich nicht von dir gedacht. Dass du mir das antust! Mit dir will ich nichts mehr zu tun haben!“
  → „Ich kenne da gar keinen. Wenn die nun alle ganz doof sind? Nachher langweile ich mich fürchterlich! Nein, ich gehe da nicht hin!“
  → „Dieser Film war unheimlich traurig. Dieses große, gutmütige Pferd und dieses kleine, liebe Mädchen – sie haben sich nicht mehr gefunden! Das ist doch zum Heulen! Wo sind meine Taschentücher?“
  → „Luise hat sich heute neben Lena gesetzt, obwohl sie mir versprochen hatte, dass wir nebeneinander sitzen! Ich bin so enttäuscht! Mit der will ich erstmal nichts mehr zu tun haben!“
  → „Heute ist mein Glückstag! In der Pause habe ich drei Tore geschossen! Die Mathearbeit war einfach! Heute Mittag gibt es Pfannkuchen – mmh – und heute Nachmittag kommen Ecki und Isi zum Spielen vorbei!“

Ina Hesse: Weihnachten in Gefahr
© Persen Verlag

Die Theaterstücke

© Persen Verlag

Wie verhext!

Die Rollen sind aus dem Grunde der Übersichtlichkeit meist in der männlichen Form aufgeführt. Mädchen wie Jungen können selbstverständlich alle Rollen übernehmen.

Rollen

- Weihnachtsmann
  (Wenn mehrere Kinder diese umfangreiche Rolle übernehmen möchten, kann sie pro Szene besetzt werden: Szene 1, Wechsel, Szene 2 usw.)
- 5 Wichtel mit Sprechtexten in der Weihnachtswerkstatt
  (Beliebig viele weitere Wichtel können das Echo rufen, in der Weihnachtswerkstatt „werkelnd" auftreten, weihnachtliche Tanzgymnastik mitmachen und am Schluss im Chor mitsingen.)
- „Fitnesstrainer"
- 3 „Bürowichtel"
- 4 Rentiere
- 3 Ärzte
- 2–5 Kinder für die Instrumentalgruppe *(Spielen der „himmlischen Klänge")*

Kostüme

- **Weihnachtsmann:**
  Meistens gibt es mehrere Kinder, die ein Weihnachtsmannkostüm von zu Hause mitbringen können. Man kann Weihnachtsmannkostüme aber auch günstig im Internet bestellen, sie werden für ein paar Euro sogar oft komplett mit Bart angeboten. Erwachsenenkostüme sind günstiger als Kinderkostüme. Der Mantel sollte nicht zu lang sein, dann lässt sich die günstigere Variante verwenden.

- **Wichtel:** Wichtelmütze und, wenn möglich, rotes T-Shirt *(über Pullover)*
  Als Wichtelmützen empfehle ich Weihnachtsmann- oder Nikolausmützen, die in fast jedem Haushalt vorhanden sind, also von den Kindern mitgebracht werden können. Alternative: Weihnachtsmannmützen im Internet bestellen. Einfach die weiße Krempe nach innen drehen (evtl. mit Nadel und rotem Faden mit wenigen Stichen fixieren). Der Bommel kann meist problemlos abgetrennt und hinterher wieder angenäht werden. Die Bürowichtel haben Büroutensilien in der Hand oder tragen sie am Körper.

- **Fitnesstrainer:** sportliche Kleidung und Einkaufstaschen
  Die Taschen können unten mit Papier oder anderem Füllmaterial ausgefüllt werden. Oben sollte, nach Möglichkeit, etwas Obst oder Gemüse herausgucken.

- **Rentiere:** Rentiergeweih und braune oder zumindest dunkle Kleidung
  Geweihe aus Stoff (auf Haarreifen) sind im Internet oder im Geschäft günstig zu haben. Möglicherweise können Kinder aus der Klasse/Gruppe Rentiergeweihe mitbringen.

Ina Hesse: Weihnachten in Gefahr
© Persen Verlag

- **Ärzte:** Arztkoffer und weißes Oberteil oder Kittel
  Ein Kinderarztkoffer oder mehrere wären schön. Notfalls reicht aber auch weiße Oberbekleidung aus. Die Kinder können Fieberthermometer oder leere Medizinfläschchen (z. B. von Hustensaft, kann mitgebracht werden) in der Hand halten.

Musik/Geräusche

- Die Instrumentalgruppe hat dreimal einen Einsatz zum Spielen der „himmlischen Klänge“. Diese sollen an Engel erinnern.
  Hier sind der Fantasie der Kinder keine Grenzen gesetzt. Es kann eine Weihnachtsmelodie auf der Blockflöte oder einem anderen Instrument gespielt und mit Orff-Instrumenten begleitet werden. Es können auch nur rhythmische Klänge zu hören sein. Zu empfehlen sind an Orff-Instrumenten: Glockenspiele oder Metallofon, Glockenkränze, Rasseln.
  (Kinder der Instrumentalgruppe entwickeln ihr Spiel am besten in Kleingruppenarbeit)

- Weihnachtlicher Popsong (Gymnastik mit Fitnesstrainer): Mit großer Wahrscheinlichkeit haben die Kinder eine passende CD. Ansonsten bieten sich z. B. Songs wie „Last Christmas“ von Wham, „Do They Know it's Christmastime“ der Band Aid, „Wonderful Christmastime“ von Paul McCartney oder „Feliz Navidad“ von José Feliciano an, die man sich im Geschäft kaufen oder von verschiedenen Anbietern aus dem Internet herunterladen kann. Empfehlenswerte CDs sind auch: „Pop Goes Christmas“ (…), „Ultimate Pop Christmas“ (…).

- „Jingle Bells“ gibt es auf diversen Tonträgern oder ist als Download im Internet in verschiedenen poppigen Versionen zu haben. Der Song kann aber auch von den Kindern im Hintergrund gesungen werden. Notfalls kann man ihn weglassen.

- Weihnachtslied am Schluss: Die vorgeschlagenen Lieder können durch ein Lied Ihrer Wahl ersetzt werden.

Bühnenausstattung

- Der Hintergrund kann neutral oder weihnachtlich sein.

- Die Ausstattung der Wichtelwerkstatt kann aus dem, was die Kinder von zu Hause mitbringen, erstellt und eventuell mit Werkzeugen aus dem Werkraum (die natürlich nicht wirklich benutzt werden) ergänzt werden. (Vergleiche Beschreibung: Szene 1.) Einige Schultische auf die Bühne – fertig.

- Schilder der Wichtel: Entweder Leisten hinter beschriftete Pappe kleben oder einfach DIN-A4/A3-Bögen aus Tonkarton ohne Leisten benutzen.

© Persen Verlag

Wie verhext!

Szene 1

Der Weihnachtsmann kommt auf die Bühne. Hinter ihm „werkeln" sechs bis acht Weihnachtswichtel. (Sie hämmern, sägen mit Spielwerkzeugen, „nähen" Stoffstücke mit großen Nadeln zusammen. Mit großen Pinseln wird scheinbar etwas angemalt.) Einige fertige Spielzeuge stehen auf Kartons/Tischen.

Weihnachtsmann: Hohoho! Lasst euch sagen: Bald ist Weihnachten! In der Weihnachtswerkstatt wird fleißig gewerkelt, genäht und gemalt. *(Er zeigt auf die Wichtel.)* Es läuft alles wie am Schnürchen. Bis Heiligabend ist alles fertig und verpackt. Wie immer!

Die Wichtel hören auf zu arbeiten. Alle stehen auf. Einige halten Schilder hoch. Was darauf steht, wird nacheinander vorgelesen bzw. gerufen (Mehr Pausen! / Besseres Essen! / Fitnesstrainer!)

Wichtel 1: Wir wollen bessere Arbeitsbedingungen! *(Er/Sie zeigt auf die anderen Wichtel mit Schildern.)*

Alle Wichtel: Jawohl !

Wichtel 2: Wir verlangen mehr Pausen!

Alle Wichtel: So ist es!

Wichtel 3: Wir wollen besseres Essen!

Alle Wichtel: Richtig!

Wichtel 4: Wir brauchen einen Fitnesstrainer!

Alle Wichtel: Genau!

Wichtel 5: Wenn sich nichts ändert, streiken wir!

Alle Wichtel: Streik! Streik!

Weihnachtsmann: (*sichtlich erstaunt, geschockt*) Das soll ein Scherz sein, oder?

Wichtel 1: Nee, Weihnachtsmann. Du musst unsere Arbeitsbedingungen verbessern. Sonst hören wir auf zu arbeiten. Streik!

Weihnachtsmann: (*sichtlich nervös*) Das hätte euch auch früher einfallen können. So kurz vor Weihnachten, ihr macht mir Spaß! *(Er geht zum Telefon oder holt sein „Handy" heraus.)*

Ina Hesse: Weihnachten in Gefahr
© Persen Verlag

Weihnachtsmann: Weihnachtsmann am Apparat.
Brauche dringend besseres Essen für meine Wichtel – gesund natürlich – einen Fitnesstrainer und mehr Pausen... Ach ne, die müssen ja nicht geliefert werden. Schafft ihr das? Es ist dringend!

Geräusch oder Melodie, z.B. auf Glockenkränzen, Triangeln oder Glockenspielen („himmlische Klänge"). „Fitnesstrainer" (trägt Sportkleidung) kommt joggend auf die Bühne, trägt zwei Einkaufstaschen, aus denen Obst/Gemüse herausguckt.

Fitnesstrainer: (*läuft auf der Stelle*) Hier sollen müde Knochen bewegt werden, habe ich gehört! Danach gibt's Gesundes zur Stärkung! (*Er hält die Taschen hoch.)*

Weihnachtsmann: *(erleichtert)* Ah, da ist ja schon unser Trainer. *(Er wendet sich zu den Wichteln.)*
Liebe Wichtel, ihr dürft ab sofort doppelt so viel Pausen machen, Sport treiben und gesünder essen!
Aber vergesst nicht (*lauter*): In wenigen Tagen ist Heiligabend!

Wichtel im Chor: Geht in Ordnung, Chef!

Musik setzt ein (Weihnachtslied in Popversion). Trainer macht Gymnastikübungen („Aerobik") vor, Wichtel bewegen sich entsprechend. Vorhang zu! Lautstärkeregler Musik wird langsam abgedreht. Wichtel gehen von Bühne, alle Requisiten der Weihnachtswerkstatt werden weggeräumt.

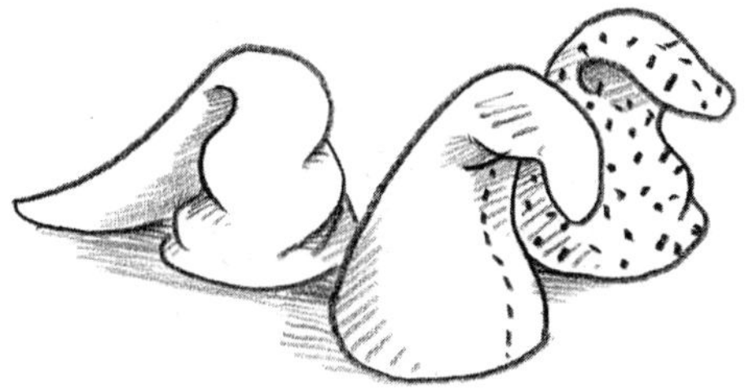

© Persen Verlag

Szene 2

Vorhang geht auf. Weihnachtsmann kommt gut gelaunt auf die Bühne.

Weihnachtsmann: Die verbesserten Arbeitsbedingungen bekommen meinen Wichteln sehr gut! Sie arbeiten jetzt noch besser und schneller als vorher! Ich sehe Weihnachten gelassen entgegen.

Hustende, fröstelnde „Rentiere", die Schals um den Hals tragen, betreten die Bühne.

Weihnachtsmann: Meine treuen Rentiere, was ist los mit euch?

Rentier 1: Weihnachtsmann, wir sind total krank! *(hustet)*

Rentier 2: Hundeelend geht' s uns! *(schnaubt sich die Nase)*

Rentier 3: Wollen nur noch mit 'ner Wärmflasche in den Stall! *(hustet, schnieft)*

Rentier 4: Du musst am Heiligabend ohne uns auskommen, Weihnachtsmann. Wer krank ist, gehört ins Bett, oder genauer gesagt: in den warmen Stall!

Rentiere gehen hustend von der Bühne.

Weihnachtsmann: *(bestürzt)* Aber – wer soll denn jetzt den Schlitten mit den Geschenken ziehen? Ach du meine Güte!

Er geht wieder zum Telefon/holt „Handy" heraus.

Weihnachtsmann: Weihnachtsmann am Apparat. Bin total aufgeschmissen. Meine Rentiere sind krank! Könnt ihr mir helfen?

Geräusch oder Melodie z. B.: auf Glockenkränzen, Triangeln oder Glockenspielen („himmlische Klänge").
Drei Ärzte/Ärztinnen betreten die Bühne. (Erkennungsmerkmale: Stethoskop um den Hals, Kinderarztkoffer, weiße T-Shirts oder weiße Kittel)

Arzt 1: Wo sind die Patienten?

Arzt 2: Wir werden sie untersuchen! *(Er/Sie zeigt Stethoskop oder Ähnliches hoch.)*

Arzt 3: Sie brauchen Ruhe und Medizin! *(Er/Sie hält Medizinfläschchen hoch.)* Dann sind sie bald wieder gesund!

Weihnachtsmann: Ein Ärzteteam für meine Rentiere! Wunderbar! Da geht's lang! *(Er zeigt die Richtung.)* Ich bringe euch zum Stall!

Sie gehen von der Bühne. „Jingle Bells" erklingt. Vorhang zu! (Musik wird leiser gedreht bzw. ausgestellt.) Ein Stuhl wird auf die Bühne gestellt.

Ina Hesse: Weihnachten in Gefahr
© Persen Verlag

Szene 3

Vorhang auf!
Weihnachtsmann kommt gut gelaunt auf die Bühne.

Weihnachtsmann: Es geht meinen Rentieren schon viel besser. Sie werden sich bis Weihnachten erholt haben. *(Er setzt sich auf den Stuhl und seufzt zufrieden.)* Alles wird gut!

Bürowichtel (mit Bleistift hinter dem Ohr, Kugelschreiber im Hemd, Papieren in der Hand …) kommen aufgeregt auf die Bühne.

Bürowichtel 1: Weihnachtsmann, im Weihnachtsbüro herrscht totales Chaos! Ein ordentlicher Windstoß hat die ganze Weihnachtspost durcheinander gebracht!

Bürowichtel 2: Jetzt wissen wir gar nicht mehr, wohin die einzelnen Geschenke gebracht werden müssen!

Bürowichtel 3: Wir müssen alles nochmal sortieren! Das kann Wochen dauern!

Bürowichtel gehen von der Bühne.

Weihnachtsmann: (ziemlich aufgeregt) Das darf doch nicht wahr sein! *(Er wischt sich den Schweiß von der Stirn.)* Also, dieses Jahr ist es doch wie verhext! *(Er greift zum Telefon/ „Handy“, tippt Nummer ein.)*

Weihnachtsmann: Weihnachtsmann am Apparat. *(Er hält Hörer verdutzt weg.)*
Aufgelegt. Noch mal wählen … Hallo? Habe totalen Stress hier!
Bitte um himmlischen Beistand! Die Weihnachtspost …

Unterbrechung: Geräusch oder Melodie z. B.: auf Glockenkränzen, Triangeln oder Glockenspielen („himmlische Klänge“).
Ein Bürowichtel kommt aufgeregt wieder auf die Bühne.

Bürowichtel: Weihnachtsmann! Ein zweiter Windstoß hat – wie durch ein Wunder – alle Briefe wieder an ihren alten Platz geweht! Es ist alles in bester Ordnung!

Weihnachtsmann: *(erleichtert)* Danke!

Er seufzt, schaut zur Decke (Himmel) und wendet sich anschließend dem Publikum zu.

Weihnachtsmann: Ich dachte schon, dass es dieses Jahr nicht klappt.
Aber jetzt bin ich beruhigt.
Es kann nichts mehr schief gehen.
Also, macht euch keine Sorgen um eure Geschenke!
Zu diesem freudigen Anlass fällt mir etwas ein …. *(Er ruft in Richtung übrige Schauspieler:)* Alle auf die Bühne kommen zum Singen!

© Persen Verlag

Alle Akteure kommen auf die Bühne (Halbkreis).

Weihnachtsmann (+ alle Akteure): Wir wünschen euch fröhliche Weihnachten!

Alle Akteure singen ein Weihnachtslied, zum Beispiel „We wish you a Merry Chrismas" / „Wir wünschen euch frohe Weihnacht" / „Kling Glöckchen" / „I Hear Them on the Roof"

Ina Hesse: Weihnachten in Gefahr
© Persen Verlag

Unterwegs in geheimer Mission

Alle Rollen können selbstverständlich von Jungen wie Mädchen besetzt werden.

Rollen

- Erzähler
- Weihnachtsmann
- 2 Engel
- 7 Wichtel
- 3 „coole“ Jungen/Mädchen
- Junge namens Paul (Name beliebig veränderbar!)
- Kinder 1 und 2
- 3 „coole“ Teenager
- Kinder 3 und 4
- 1–3 Kinder für die Instrumentalgruppe („Reisende Engel“)

Kostüme

- Weihnachtsmannkostüm und Wichtelkostüme: *Hierzu finden Sie Anregungen auf Seite 8.*
- Engelkostüme: Engelflügel kann man selbst basteln, günstig im Internet bestellen oder im Geschäft kaufen. (Oft können Kinder Flügel mitbringen.) Außerdem sind Kommunionskleider, weiße Sommerkleider oder Nachthemden als Engelkleider perfekt zu gebrauchen …

Musik/Geräusche

- Das Hämmern und Sägen, welches am Anfang des Stückes zu hören sein soll, kann von den Kindern mit Orff-Instrumenten dargestellt werden.
- Viermal sind im Stück Geräusche/Melodien auf Orff-Instrumenten (z. B. Triangel, Glockenkranz, Glockenspiel, Metallofon) genannt. Dies soll die reisenden Engel symbolisieren. Eine Kleingruppe von Kindern kann sich hierzu etwas ausdenken. Ebenso kann auch Musik von einer CD erklingen oder ein Kind spielt eine Melodie auf einem Instrument. Ganz einfache Variante: über ein Glockenspiel streichen
- Weihnachtslied am Schluss: siehe Vorschläge S. 22

Bühnenausstattung

- Bett des Weihnachtsmannes (Eine Matte oder Matratze mit großer Decke, die diese verdeckt sowie ein großes Kissen sind ausreichend.)
- eventuell, wenn im Bestand der Schule vorhanden, weitere Requisiten wie Fensterattrappe, Tür, Kommode
- Eine Häuserkulisse, Tannenbäume und eine Bank (ein kleiner Kasten aus der Turnhalle eignet sich auch) wären schön. Wenn dies nicht vorhanden ist bzw. keine Zeit zur Erstellung/Beschaffung dieser Dinge da ist, geht es auch ohne.
- Hintergrund: neutral oder weihnachtlich

© Persen Verlag

Unterwegs in geheimer Mission

Der Vorhang ist geschlossen.

Erzähler: In wenigen Tagen ist Heiligabend. In der Weihnachtswerkstatt am Nordpol herrscht Hochbetrieb. Die Wichtel arbeiten unermüdlich, damit die letzten Geschenke noch fertig werden. *(Geräusche: Hämmern, evtl. Sägen)* Sie gönnen sich kaum eine Pause. (*Stöhnen ist hinter dem Vorhang zu hören.)* Ganz anders der Weihnachtsmann: Der tut gar nichts! Er liegt im Bett, obwohl er gar nicht krank ist, und will nicht aufstehen. So kennt man ihn nicht. Alle fragen sich: Was ist mit dem Weihnachtsmann los? Die Wichtel haben bereits himmlische Hilfe erbeten. Zwei Engel sind im Anflug.

Szene 1

Vorhang auf!

Der Weihnachtsmann liegt im Bett (Matratze mit großer Decke). Eventuell sieht man Fensterattrappe, Tür zum Schlafzimmer, „Schneeflocken" aus Watte … Wichtel betreten nacheinander die Bühne oder stehen schon in Reihe da.

Wichtel 1: Weihnachtsmann, aufstehen! Du liegst seit 36 Stunden im Bett!

Weihnachtsmann: *(dreht sich auf die andere Seite)* Nein! Ich werde Weihnachten in diesem Jahr verschlafen!

Wichtel 2: Aber Weihnachtsmann, die Kinder warten auf dich!

Weihnachtsmann: Ach was! *(setzt sich auf)* Sie glauben ja gar nicht mehr an mich!

Wichtel 3: Wie kommst du denn darauf? Natürlich glauben sie an dich!

Weihnachtsmann: Nein, das tun sie nicht. Ich habe es im Rentierkurier gelesen. *(legt sich wieder hin)*

Wichtel 4: *(zu den anderen Wichteln)* Oh nein, er hat diesen Artikel gelesen!

Wichtel 5: *(zum Publikum)* Ich hab's ja gesagt! Wir hätten die Zeitung verschwinden lassen sollen! Er nimmt sich doch immer alles so zu Herzen!

Weihnachtsmann: Buhuhu, keiner glaubt an mich!

Ina Hesse: Weihnachten in Gefahr
© Persen Verlag

Wichtel 6: Weihnachtsmann, du darfst nicht alles glauben, was in der Zeitung steht!

Wichtel 7: Die Kinder lieben dich!

Weihnachtsmann: Gar nicht wahr!

Triangel, Glockenkranz oder anderes Geräusch/Melodie erklingt. Zwei Engel erscheinen auf der Bühne, treten an das Bett. Weihnachtsmann richtet sich auf.

Engel 1: Weihnachtsmann, du kannst die Wahrheit selbst herausfinden!

Engel 2: Reise mit uns in geheimer Mission zu den Menschen! Dann wirst du selbst hören und sehen, was die Kinder von dir halten!

Weihnachtsmann: Nein danke! Das wird deprimierend.

Engel 1: Das glaube ich nicht. Und wenn doch …

Engel 2: … dann kannst du den Job immer noch an den Nagel hängen.

Weihnachtsmann: *(überlegt einen Moment und steht auf)* Hm … Okay, ihr habt mich überredet. Wann soll's losgehen?

Engel 1+2: Jetzt!

Triangel, Glockenkranz oder anderes Geräusch/Melodie erklingt.

Vorhang zu!

Schlafzimmer des Weihnachtsmannes und alle weiteren Requisiten werden abgebaut.

© Persen Verlag

Szene 2

Vorhang auf!

Eventuell sieht man Häuser mit Schnee auf den Dächern im Hintergrund, oder er ist neutral. Schön wären ein oder zwei Tannenbaumattrappen und eine Gartenbank, eventuell jeweils mit Watte (Schnee) beklebt.

Triangel, Glockenkranz oder anderes Geräusch/Melodie erklingt.

Weihnachtsmann und Engel kommen auf die Bühne. Ein Engel gibt Zeichen, dass sie sich an der Seite verstecken müssen. Die drei ducken sich (evtl. hinter Mauer, Tannenbaum oder klettern seitlich von der Bühne und bleiben am Bühnenrand.)

Drei „coole" Jungs mit Schulranzen kommen auf die Bühne, bleiben als Gruppe stehen. Ein weiterer Junge mit Ranzen kommt auf die Bühne, setzt sich vorne auf den Bühnenrand, holt ein Buch heraus und „liest".

Cooler Junge 1: *(zu den anderen, zeigt auf Jungen, der sitzt)* Habt ihr schon gehört? Paul glaubt noch an den Weihnachtsmann!

Cooler Junge 2: Echt? Ich fass es nicht!

Cooler Junge 3: Ehrlich, mit zehn Jahren noch an den Weihnachtsmann zu glauben, das ist schon 'ne Leistung.

Cooler Junge 2: Voll peinlich!

Sie gehen von der Bühne. Weihnachtsmann sieht entsetzt aus, zeigt auf Jungen. Engel streichen ihm beruhigend die Schulter.

Paul: *(hat bisher unbeirrt in seinem Buch „gelesen", schaut hoch zum Publikum, ruft Jungen hinterher)* Eure Sprüche stören mich in hundert Jahren nicht!

Er packt sein Buch ein und geht von der Bühne. Weihnachtsmann und Engel halten bewundernd die Daumen hoch.

Zwei Kinder kommen auf die Bühne. Sie setzen sich auf die Bank oder vorne auf den Bühnenrand.

Kind 1: Sag mal, glaubst du noch an den Weihnachtsmann?

Kind 2: Na ja, nicht wirklich.

Kind 1: Glaubst du nun dran oder nicht?

Ina Hesse: Weihnachten in Gefahr
© Persen Verlag

Kind 2: Eher nicht. Obwohl es irgendwie schade ist um den Weihnachtsmann. Der gehört doch zu Weihnachten dazu.

Kind 1: Finde ich auch. Deswegen glaube ich auch noch ein bisschen daran.

Sie grinsen sich an, stehen auf und gehen von der Bühne. Weihnachtsmann und Engel nicken sich zu, machen mit Daumen Zeichen für „mittel“ bis „gut“.

Drei „coole“ große Kinder (am besten Jungen und Mädchen, die eher groß sind) kommen auf die Bühne.

Cooler Teenager 1: Meine kleine Schwester redet seit Tagen von nichts anderem als dem Weihnachtsmann! *(Weihnachtsmann freut sich sichtlich.)*
Das ist echt nervig! *(Weihnachtsmann freut sich nicht mehr.)*

Cooler Teenager 2: Mein kleiner Bruder ist auch nicht besser. Bin froh, wenn Heiligabend endlich vorbei ist und sein heißgeliebter Weihnachtsmann endlich da war!

Cooler Teenager 3: Fragt mich mal! Meine kleinen Geschwister löchern mich seit Tagen: Wann kommt endlich der Weihnachtsmann!

Coole Teenager 1,2,3: Kinder! *(seufzen)*

Cooler Teenager 1: Gehen wir zum Weihnachtsmarkt?

Cooler Teenager 2: Yes! Gute Idee.

Cooler Teenager 3: Okay!

Sie gehen von der Bühne. Weihnachtsmann und Engel machen mit Daumen Zeichen für „mittel“.

Zwei Kinder kommen auf die Bühne, setzen sich auf Bank oder Bühnenrand.

Kind 3: Und ich hoffe so sehr, dass der Weihnachtsmann mir diesen Legotransporter bringt!

Kind 4: Glaubst du etwa noch an den Weihnachtsmann?

Kind 3: Ja, wieso denn nicht?

Kind 4: Den gibt es nicht, das weiß doch jedes Baby!

Kind 3: Ich weiß aber ganz genau, dass es ihn gibt!

© Persen Verlag

Kind 4: *(denkt sichtlich nach, zieht die Schultern hoch)* Wenn du meinst. Nichts ist unmöglich!

Weihnachtsmann und Engel zeigen Daumen hoch. Kinder gehen von der Bühne.

Weihnachtsmann und Engel kommen auf die Bühne, strecken sich, schütteln Arme und Beine aus.

Engel 1: Es wird Zeit ...

Engel 2: ... an den Nordpol zurückzukehren!

Weihnachtsmann: Ab geht's nach Hause!

Triangel, Glockenkranz oder anderes Geräusch, Melodie erklingt.

Vorhang zu!

Requisiten werden abgebaut.

Ina Hesse: Weihnachten in Gefahr
© Persen Verlag

Szene 3

Vorhang auf!

Man sieht wieder das Schlafzimmer des Weihnachtsmannes.
Triangel, Glockenkranz oder anderes Geräusch, Melodie erklingt.
Weihnachtsmann und Engel kommen auf die Bühne.

Weihnachtsmann: Home, sweet home!

Drei Wichtel kommen auf die Bühne.

Wichtel 1: Ah, da seid ihr ja endlich!

Wichtel 2: Wir haben uns schon Sorgen gemacht!

Engel 1: Das war nicht nötig.

Wichtel 3: Was habt ihr denn nun herausgefunden?

Engel 2: Tja, gemischte Bilanz.

Engel 1: Es gibt tatsächlich eine Menge Kinder, die nicht mehr an den Weihnachtsmann glauben.

Der Weihnachtsmann nickt. Die Wichtel stöhnen.

Engel 1: Es gibt auch eine Menge Kinder, die nur noch ein bisschen an den Weihnachtsmann glauben.

Der Weihnachtsmann nickt. Die Wichtel ziehen Schultern hoch (Mimik: ratlos).

Engel 2: Aber es gibt auch eine Menge Kinder, die echte Weihnachtsmann-Fans sind! Die wären mit Sicherheit sehr traurig, wenn du den Job an den Nagel hängen würdest, Weihnachtsmann!

Der Weihnachtsmann nickt. Die Wichtel strahlen und sagen: Ah!

Engel 1: Meinst du nicht, dass es sich lohnt, weiterzumachen, Weihnachtsmann?

Weihnachtsmann: *(räuspert sich, macht eine kleine Pause)*: Aber natürlich. Ich kann diese Kinder doch nicht enttäuschen!

Die Wichtel jubeln.

Engel 2: Gute Entscheidung, Weihnachtsmann.

© Persen Verlag

Weihnachtsmann: Ja, das glaube ich auch.

Wichtel 1, 2, 3: Darauf singen wir!

Alle Akteure kommen auf die Bühne (Halbkreis) und singen ein Weihnachtslied.

Zu empfehlende Lieder: „Wir wünschen euch frohe Weihnacht" / „We wish you a Merry Christmas" / „Kling Glöckchen" / „Fröhliche Weihnacht" / „Feliz Navidad"

Ina Hesse: Weihnachten in Gefahr
© Persen Verlag

Was soll aus Weihnachten werden?

Alle Rollen können selbstverständlich von Jungen wie Mädchen besetzt werden.

Rollen

- Erzähler
- Weihnachtsmann
- 13 Wichtel (Die Anzahl kann halbiert werden, wenn ein Wichtel mehrere Sprecheinsätze haben soll.)
- Wichtel Thore (Name beliebig veränderbar!)
- 5 Engel (Kann auf 2 Engel reduziert werden!)
- Arzt
- Wenn noch Rollen benötigt werden, kann eine Instrumentalgruppe „himmlische Klänge" spielen, wenn die Engel auf die Bühne kommen und abgehen. Weitere Anregungen dazu finden Sie auf den Seiten 9 und 15.

Kostüme

- Weihnachtsmann- und Wichtelkostüme: Siehe Hinweise auf Seite 8.
- Engelkostüme: Siehe Seite 15.

Musik/Geräusche

- Anregungen für Klänge, die beim Auf- und Abgang der Engel zu hören sind, finden Sie auf den Seiten 9 und15.
- Das Lied „Was soll aus Weihnachten werden?" kann mit Gitarren- oder Klavierakkorden begleitet werden. Alternative: Kinder begleiten es mit Orff-Instrumenten (z. B. Xylofon/Klangbausteine für die Grundtöne = Akkorde und dazu Rhythmusintrumente wie Klanghölzer, Rasseln)
- Das bekannte Lied „We wish you a Merry Christmas" kann durch ein beliebiges Lied Ihrer Wahl ersetzt werden.

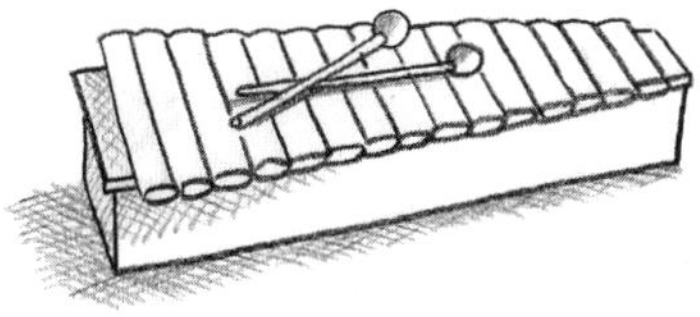

Bühnenausstattung

- Stühle/Bänke für die Wichtel
- eventuell dahinter eine angedeutete Wichtelwerkstatt: Tische mit Geschenkpaketen, Werkzeugen, großen Kartons, Geschenkpapier …
- Hintergrund: neutral oder weihnachtlich
- Arzt: Vgl. Seite 9

© Persen Verlag

Was soll aus Weihnachten werden?

Der Vorhang ist noch geschlossen.

Erzähler: Am Nordpol, dort, wo der Weihnachtsmann und seine Wichtel zu Hause sind, herrschte Aufregung: In wenigen Tagen war Heiligabend und der Weihnachtsmann lag mit einer schweren Grippe im Bett! Würde er rechtzeitig zur Bescherung wieder gesund sein? Die Weihnachtswichtel warteten gespannt auf das Urteil des Arztes ....

Szene 1

Vorhang auf! Dreizehn Wichtel sitzen im Stuhlhalbkreis (oder in der „Wichtelwerkstatt") auf der Bühne. Sie sehen besorgt aus.

Wichtel 1: Meint ihr, dass der Arzt den Weihnachtsmann wieder fit macht?

Wichtel 2: Klar, das ist doch sein Job.

Wichtel 3: Sicher hat er eine sehr wirkungsvolle Medizin dabei! An Heiligabend ist der Weihnachtsmann bestimmt wieder ganz der Alte und sprüht vor Energie!

Wichtel 4: Ich wäre mir da nicht so sicher.

Wichtel 5: Wunder kann der Doktor auch nicht vollbringen!

Wichtel 6: Ich glaube nicht, dass der Weihnachtsmann rechtzeitig wieder gesund ist.

Wichtel 7: *(aufgeregt)* Ja aber – er muss doch gesund werden!

Wichtel 8: *(noch aufgeregter)* Heiligabend ohne Weihnachtsmann – das geht doch nicht!

Wichtel 9: Immer mit der Ruhe! Der Chef ist aus hartem Holz geschnitzt und Heiligabend ist erst übermorgen. Bis dahin hat er sich bestimmt wieder erholt.

Der Arzt kommt auf die Bühne (trägt evtl. Stethoskop um den Hals, in der Hand einen „Arztkoffer"). Die Wichtel stehen aufgeregt auf.

Wichtel 10: Herr Doktor, wird der Weihnachtsmann bis Heiligabend wieder gesund sein?

Arzt: Das halte ich für sehr unwahrscheinlich! Er hat sich einen sehr hartnäckigen Virus zugezogen! Ich habe ihm bis auf Weiteres strikte Bettruhe verordnet!

Wichtel 11: Ja aber – wer soll denn dann die Geschenke zu den Kindern bringen?

Ina Hesse: Weihnachten in Gefahr
© Persen Verlag

Arzt: Das weiß ich doch nicht! Der Patient braucht jedenfalls Ruhe!
Viel schlafen, viel trinken und dreimal täglich Medizin einnehmen.
(*Er guckt gehetzt auf seine Armbanduhr.)*
Oh, so spät schon? Ich muss mich verabschieden.
Meine Frau wartet mit dem Essen. Auf Wiedersehen! *(geht von der Bühne)*

Wichtel 12: Das ist ja'ne schöne Bescherung! Was machen wir denn jetzt?

Lied „Was soll aus Weihnachten werden ?" (siehe Seite 29)

Wichtel setzen sich wieder. Engel kommen auf die Bühne.
(Evtl. vorweg Musik/Geräusche)

Engel 1: Wir haben euer Lied gehört!

Engel 2: Es klang sehr traurig!

Engel 3: Wir wollen euch Mut machen!

Wichtel 13: Habt ihr denn eine Idee, was wir jetzt tun könnten?

Engel 4: Ganz einfach: Wenn der Weihnachtsmann bis Heiligabend nicht gesund wird, muss einer von euch seine Rolle übernehmen!

Wichtel: *(alle)* Was? Einer von uns?

Engel 5: Sich als Weihnachtsmann zu verkleiden, ist ja nicht so schwer!

Engel 1: Ihr wisst doch alle genau, was der Weihnachtsmann zu tun hat.

Engel 2: Also, überlegt mal, wer von euch der beste Ersatzweihnachtsmann sein könnte.

Engel: *(alle)* Wir wünschen euch viel Glück!

Engel gehen von der Bühne. (Evtl. dazu Musik/Geräusche)

Wichtel 1: Tja, wir sollten ihren Rat befolgen. Möchte jemand einen Kandidaten vorschlagen?

Wichtel 2: Ich schlage Thore *(Name kann geändert werden)* vor!

Wichtel 3: Ja, Thore ist der Größte *(Alternativen: der Älteste, der Erfahrenste ...)*!

Wichtel: *(restliche)* Ja, Thore soll den Weihnachtsmann spielen!

Wichtel Thore: Ich? Meint ihr wirklich? Ich trau mich nicht!

Wichtel: *(alle, stehen auf)* Du schaffst es!

Thore: *(steht auf, verlegen, geschmeichelt)* Also gut, wenn ihr meint.
O.k., ich versuche es.

Wichtel: *(alle)* Thore, Thore!

Vorhang zu! (Alle gehen von der Bühne.)

Erzähler: Thore wurde ab jetzt von der Arbeit in der Weihnachtswerkstatt befreit.
Er sollte sich auf seine Rolle als Weihnachtsmann vorbereiten.
Er probte „Hoho!" und „Es weihnachtet sehr" und „Wart ihr denn auch artig, liebe Kinder?" zu sagen, so wie man es vom Weihnachtsmann kennt.
Es klappte von Stunde zu Stunde besser. Doch so richtig wohl fühlte er sich nicht dabei …

Ina Hesse: Weihnachten in Gefahr
© Persen Verlag

Szene 2

Vorhang auf!

Man sieht einen Weihnachtsmann ohne Bart (Wichtel Thore) am Rand der Bühne stehen.

Wichtel Thore: Lasst euch sagen, ihr Leut', es weihnachtet sehr, heut! *(Pause, stöhnt)* Ich bin's einfach nicht! Wenn es doch bloß schon vorbei wäre.

Der echte Weihnachtsmann kommt von der anderen Seite in Nachthemd oder Schlafanzug auf die Bühne (Erkennungsmerkmal: Bart, evtl. auch Mütze), reckt sich, gähnt laut.

Weihnachtsmann: Hab ich gut geschlafen! Könnte Bäume ausreißen! Wo ist mein Weihnachtsmannmantel? Es ist doch Heiligabend!

Wichtel Thore: Weihnachtsmann, du bist ja wieder gesund!

Weihnachtsmann: *(wundert sich)* Thore, bist du es? Warum hast du meinen Mantel an?

Wichtel Thore: Du warst krank und alle haben gesagt, dass ich dich vertreten soll.

Weihnachtsmann: *(etwas beleidigt)* Ich habe Heiligabend noch nie im Bett verbracht!

Wichtel Thore: Aber der Arzt hat gesagt, dass du strenge Bettruhe einhalten musst!

Weihnachtsmann: Was weiß der schon über Weihnachtsmänner! Aber gut, es freut mich, dass ihr für den Notfall vorgesorgt habt.
(Thore nickt erleichtert, Weihnachtsmann überlegt.)
Hm, wenn ich's mir recht überlege, könntest du mich ruhig mal vertreten. Ich würde dann meine Tante Dora in Chicago besuchen. Die würde sich riesig freuen!

Wichtel Thore: *(nicht begeistert)* Meinst du das ernst?

Weihnachtsmann: *(kratzt sich am Kopf)* Nicht wirklich. Tante Dora kann auch bis Ostern warten. Für's Erste werde ich den Job weitermachen. Bin ja schließlich noch gut in Form!

Wichtel Thore: *(erleichtert)* Dann gebe ich dir jetzt sofort deinen Mantel zurück (*zieht ihn aus und reicht ihn dem Weihnachtsmann)* – bitte sehr.

Weihnachtsmann: Danke. *(zieht ihn an)* Dir stand er aber auch gut. Wie wäre es, wenn du die Bescherung hier bei uns machst?

Wichtel Thore: Warum eigentlich nicht? Einverstanden!

Weihnachtsmann: Wunderbar! So, jetzt möchte ich aber endlich in Weihnachtsstimmung kommen. *(lauter:)* Alle Weihnachtswichtel und Engel, bereitmachen zum Singen!

Alle Schauspieler stellen sich im Halbkreis auf die Bühne, klatschen für den Weihnachtsmann, der klatscht zurück.

Lied „We wish you a Merry Christmas" / „Wir wünschen euch frohe Weihnacht"

(Alternativen: „Fröhliche Weihnacht", „Kling Glöckchen" oder beliebiges Weihnachtslied)

Ina Hesse: Weihnachten in Gefahr
© Persen Verlag

Lied: Was soll aus Weihnachten werden?

Liedtext: Was soll aus Weihnachten werden?

Was soll aus Weihnachten werden,
wenn der Weihnachtsmann nicht aufstehn kann.
Was soll aus Weihnachten werden,
am Heiligabend ohne Weihnachtsmann.

Kinder, die aufgeregt warten und hoffen
dass er sich beeilt.
Berge von Geschenken im Schlitten
und keiner, der sie verteilt.

Was soll aus Weihnachten werden,
wenn der Weihnachtsmann nicht aufstehn kann.
Was soll aus Weihnachten werden,
am Heiligabend ohne Weihnachtsmann.

Das Lied (in e-Moll) kann man auf der Gitarre (oder dem Klavier) begleiten oder es können einige Kinder die Grundtöne (= Gitarrenakkorde) auf Xylofon oder Klangbausteinen spielen. Zusätzlich / Stattdessen kann man Rhythmusinstrumente (Rasseln, Kongas, Klanghölzer) einsetzen.

© Persen Verlag

Wo ist die Weihnachtspost?

In diesem Theaterstück spielt die italienische Weihnachtshexe „Befana“ eine wichtige Rolle. Ihr werden italienische Wichtel als Helfer zur Seite gestellt. Das ist zwar nicht ganz „quellengerecht“, aber im Rahmen der künstlerischen Freiheit vertretbar und für die Kinder verständlich.
Alle Rollen können selbstverständlich von Jungen wie Mädchen besetzt werden.

Rollen

- Erzähler
- Weihnachtsmann (Diese umfangreiche Rolle kann auf zwei Kinder verteilt werden. Der Wechsel findet dann nach Szene 1 statt.)
- italienische Weihnachtshexe „Befana“
- 5 Wichtel
- 5 „Bürowichtel“
- 5 italienische Wichtel mit „italienischem Akzent“ (Für den Fall, dass es zu viele Rollen gibt: Diese Rollen können von den anderen Wichteln, den Rentieren oder dem Erzähler übernommen werden.)
- 3 Engel (Kann auf 2 Engel reduziert werden.)
- 4 Rentiere
- Wenn noch Rollen benötigt werden, kann eine Instrumentalgruppe „himmlische Klänge“ spielen, wenn die Engel auf die Bühne kommen und abgehen. Dies kann aber auch von den übrigen Schauspielern übernommen werden.

Kostüme

- Weihnachtsmann- und Wichtelkostüme: Hinweise dazu finden Sie auf Seite 8.
- Weihnachtshexe Befana: möglichst „traditionelle“ Hexenverkleidung, kein „Harry Potter-Hut“
- Engelkostüme: Siehe Seite 15.
- Rentiere: Siehe Seite 8.

Musik/Geräusche

- Anregungen für die „himmlischen Klänge“, die beim Auf- und Abgang der Engel zu hören sind, finden Sie auf Seite 9 und 15.
- Die vorgeschlagenen Lieder am Schluss können durch ein beliebiges Weihnachtslied Ihrer Wahl ersetzt werden.

Bühnenausstattung

- Weihnachtsbüro: Stühle und Tische mit Ablagekörben, Papier, Stempel …
- angedeutete italienische Wichtelwerkstatt: Tische mit Geschenkpaketen, Spielwerkzeugen, an Tischen kleben vorne italienische „Flaggen“ (Zeichenblätter)
- Hintergrund: neutral oder weihnachtlich

Ina Hesse: Weihnachten in Gefahr
© Persen Verlag

Wo ist die Weihnachtspost?

Der Vorhang ist noch geschlossen. Der Erzähler tritt vor.

Erzähler: Wer bringt zu Weihnachten die Geschenke?
Keine Frage, der Weihnachtsmann. Das ist aber nicht überall so.
In Russland zum Beispiel kommt Väterchen Frost zu den Kindern und in Italien bringt die Weihnachtshexe Befana ihnen Geschenke.
Soll übrigens eine nette Hexe sein, die Befana.
Eigentlich verstehen sich die drei – unser Weihnachtsmann, Väterchen Frost aus Russland und die Weihnachtshexe Befana aus Italien – ganz gut, aber …
Mehr wird nicht verraten! Ihr werdet es sehen …
Viel Vergnügen!

Szene 1

Der Weihnachtsmann und drei Wichtel sitzen im Weihnachtsbüro (zwei Tische, darauf Aktenablagekörbe mit Papier, evtl. weitere Büroutensilien, fünf Stühle; der Hintergrund ist neutral oder weihnachtlich). Die Wichtel wirken geschäftig, stempeln oder schreiben. Der Weihnachtsmann liest einen Wunschzettel vor.

Weihnachtsmann: Lieber Weihnachtsmann, wie geht es dir? Mir geht es gut.
In diesem Jahr wünsche ich mir einen großen Kran von dir.
Mit Fernbedienung bitte …

Bürowichtel 1 hastet aufgeregt auf die Bühne.

Bürowichtel 1: Weihnachtsmann, es ist etwas passiert!

Weihnachtsmann: Ja, was denn?

Bürowichtel 1: Ich wollte gerade den letzten Sack mit Wunschzetteln aus dem Lager holen!

Weihnachtsmann: Richtig! Die anderen Säcke haben wir ja schon geleert. Und?

Bürowichtel 1: Er ist weg!

Weihnachtsmann: *(steht auf)* Weg?

Bürowichtel 1: Ja! Der letzte Sack mit den Briefen der Kinder ist nirgendwo zu finden!

Bürowichtel 2: *(steht auf)* Wirklich?

Bürowichtel 3: *(steht auf)* Das kann doch nicht sein!

Bürowichtel 1: Ich habe alles abgesucht!

© Persen Verlag

Bürowichtel 4: *(besorgt)* Wie traurig! Dann haben die Kinder ihre Wunschzettel umsonst geschrieben!

Weihnachtsmann: Immer mit der Ruhe. Es gibt bestimmt eine Erklärung. Der Sack kann ja nicht weggeflogen sein.

Bürowichtel 2: Frag doch mal die Wichtel aus der Wichtelwerkstatt, Weihnachtsmann.

Bürowichtel 3: *(hoffnungsvoll)* Ja, vielleicht haben die den Sack gesehen.

Weihnachtsmann: Das ist eine gute Idee.
(*ruft:)* Alle Wichtel aus der Wichtelwerkstatt, bitte herkommen!

Bürowichtel setzen sich.
Fünf Wichtel kommen auf die Bühne. Sie haben zum Teil Werkzeug in der Hand.

Wichtel 1: Schon zur Stelle, Chef!

Wichtel 2: Wo brennt's denn?

Wichtel 3: Ist irgendwo eine Schraube locker? (*zeigt Schraubenzieher hoch)*

Weihnachtsmann: Wir haben kein technisches Problem, wir suchen etwas: einen Sack mit Weihnachtspost. Es ist der letzte, alle anderen haben wir schon geleert. Habt ihr eine Ahnung, wo er stecken könnte?

Alle Wichtel kratzen sich beim „Nachdenken“ am Kopf, schütteln ihn dann oder machen ähnliche Gesten.

Wichtel 4: Wir haben nicht die leiseste Ahnung.

Wichtel 5: Zu uns in die Werkstatt hat er sich jedenfalls nicht verirrt.

Weihnachtsmann: Tja, da kann man nichts machen. Aber haltet die Augen offen und sagt Bescheid, wenn ihr was entdeckt, ja? Es ist sehr wichtig!

Alle Wichtel: Wird gemacht, Chef!

Die Wichtel aus der Werkstatt gehen von der Bühne.

Weihnachtsmann: Hm, jetzt bin ich erst mal ratlos.

Bürowichtel 2: Vielleicht wissen die Rentiere mehr. Sie sind ja sehr wachsam.

Bürowichtel 1: Du solltest sie fragen, Weihnachtsmann.

Ina Hesse: Weihnachten in Gefahr
© Persen Verlag

Weihnachtsmann: Ja, ihr habt Recht.
(ruft:) Meine treuen Rentiere, kommt ihr bitte mal aus dem Stall?

Vier Rentiere kommen auf die Bühne, machen dabei Kaubewegungen.

Rentier 1: *(kauend)* Wir fressen gerade eine schöne Heumahlzeit, Chef.

Rentier 2: *(kauend)* Warum störst du uns dabei?

Weihnachtsmann: Oh – ich wollte euch nicht stören. Aber wir haben hier einen Notfall!

Rentier 3: *(schluckt deutlich und räuspert sich)* Das ist etwas anderes. Was können wir für dich tun, Chef?

Weihnachtsmann: Wir vermissen einen Sack mit Weihnachtspost von den Kindern.
Habt ihr etwas gesehen, gehört oder gewittert?

Rentier 2: Da müssen wir nachdenken …

Alle Rentiere kratzen sich am Kopf/Geweih.

Rentier 4: *(streckt Finger hoch)* Mir fällt da etwas ein!

Weihnachtsmann: Was denn?

Rentier 4: Gestern Abend hab ich mir mal kurz vor der Stalltür die Hufen vertreten und den herrlichen Sternenhimmel bewundert.

Alle: Und?

Rentier 4: Plötzlich sauste etwas Seltsames durch die Luft.

Bürowichtel 4: Eine Sternschnuppe?

Rentier 4: Nein, eher ein Sack.

Bürowichtel 4: Ein fliegender Sack?

Rentier 4: Der Sack flog nicht allein. Jemand hatte ihn unter den Arm geklemmt.
Jemand, der auf einem Besen flog. Hatte so' n komischen Rock an.

Weihnachtsmann: Oh nein! Das kann doch nur … Bist du dir ganz sicher?

Rentier 4: Völlig sicher!

Weihnachtsmann: Danke, meine lieben Rentiere, ihr habt mir sehr geholfen!

Rentiere: Gern geschehen! *(gehen von der Bühne)*

© Persen Verlag

Weihnachtsmann: *(wendet sich den Bürowichteln zu)* Denkt ihr, was ich denke?

Bürowichtel 1: Die Weihnachtshexe hat den Sack geklaut!

Bürowichtel 2: Die Weihnachtshexe Befana aus Italien? Meint ihr wirklich, dass sie es war?

Weihnachtsmann: Ich fürchte, ja. Eine andere Hexe kenne ich nicht. Und auch sonst niemanden, der auf einem Besen durch die Luft reitet.

Bürowichtel 3: Aber warum sollte sie so etwas tun?

Weihnachtsmann: Das weiß ich auch nicht. Ich weiß nur, dass wir dringend himmlische Hilfe benötigen *(schaut zur Decke).*

„Himmlische Klänge“ sind zu hören. Drei Engel kommen auf die Bühne.

Weihnachtsmann: Ah, da kommt sie ja schon! So schnell hätte ich gar nicht mit euch gerechnet, liebe Engel!

Engel 1: Im Notfall sind wir sofort zur Stelle, Weihnachtsmann.

Engel 2: Wir sind schon informiert über den Fall.

Engel 3: Mittels Engelfernrohr haben wir alles gesehen!

Weihnachtsmann: Es stimmt also tatsächlich, dass Befana den Wunschzettelsack geklaut hat?

Engel 3: Leider ja. Deswegen ist jetzt Eile geboten.

Engel 1: Am besten reisen wir sofort nach Italien, Weihnachtsmann.

Weihnachtsmann: Oh, ja! Die Weihnachtspost muss gerettet werden!

Engel 2: Auf geht's nach Bella Italia!

Himmlische Klänge sind zu hören. Der Vorhang geht zu.

Ina Hesse: Weihnachten in Gefahr
© Persen Verlag

Szene 2

Der Vorhang geht auf. Auf der Bühne sieht man die italienische Wichtelwerkstatt: immer noch zwei Tische, jedoch mit gebastelten italienischen „Flaggen" geschmückt. Wichtel, deren Wichtelmützen evtl. ebenfalls mit kleinen Flaggen geschmückt sind, hämmern, bohren (Spielwerkzeuge) oder schneiden und malen …

„Himmlische Klänge" sind zu hören. Der Weihnachtsmann und die drei Engel betreten die Bühne.

Italienischer Wichtel 1: *(steht auf)* Ah, Weihnachtsmann! Und drei Engel! Das ist eine Überraschung!

Alle italienischen Wichtel: Buon giorno!

Weihnachtsmann und Engel: Buon giorno!

Weihnachtsmann: Liebe italienische Wichtel, ist denn die Befana auch da?

Ital. Wichtel 2: Ist sie! Luigi! Geh mal schaun nach Befana! Avanti!

Wichtel Luigi: Ich geh ja schon! *(geht von der Bühne)*

Ital. Wichtel 3: Ihr bleibt doch zum Essen, hm? Mangiare? *(macht Essbewegungen)*

Ital. Wichtel 4: *(steht auf)* Wir machen Essen jetzt. Es gibt Pizza, Pasta und Insalata Mista. Bene?

Ital. Wichtel 2: *(steht auf)* Natürlich ihr seid unsere Gäste, basta!

Italienische Wichtel gehen von der Bühne.

Engel 1–3: Hä?

Weihnachtsmann: *(den Engeln zugewandt)* Die Italiener sind sehr gastfreundlich. Man wird hier immer gleich zum Essen eingeladen.

Wichtel Luigi: *(kommt auf die Bühne)* Hier kommt schon die Befana!

Die Hexe Befana betritt die Bühne.

Weihnachtsmann: Buon giorno, Befana!

Befana: Buon giorno, Weihnachtsmann und Engel! Was führt euch zu mir?

Weihnachtsmann: Ich will gar nicht lange um den heißen Brei herumreden, Befana. Wir suchen einen Sack mit Wunschzetteln.

Befana: Einen Sack mit Wunschzetteln, so so … *(fummelt nervös an ihrer Kleidung)*

Engel 1: Wir wollten dich fragen, ob du eine Ahnung hast, wo er sein könnte?

Wichtel Luigi: Ich weiß von nichts und gehe in die Küche. *(geht von der Bühne)*

Befana: Ich? Äh nein, warum sollte ich das wissen?

Weihnachtsmann: Auch wenn es mir schwer fällt, das zu sagen: Jemand hat gesehen, dass du den Sack entführt hast!

Befana: *(wütend)* Ich? Das ist aber eine schwere Anschuldigung, Weihnachtsmann! Wer soll mich denn gesehen haben?

Weihnachtsmann: Ein Rentier!

Befana: Ein Rentier. Was für ein glaubwürdiger Zeuge. Da lache ich aber: Ha ha.

Engel 2: Wir haben es ebenfalls gesehen, Befana. Mit dem Engelfernrohr!

Befana zuckt zusammen, hält die Hand vor den Mund.

Weihnachtsmann: Tja Befana, ich würde dich niemals grundlos beschuldigen, das weißt du!

Befana fängt an zu schluchzen.

Befana: Huhu, ihr habt Recht. Ich habe den Sack gestohlen. Er steht in unserem Lager. Es fehlt kein einziger Wunschzettel.

Weihnachtsmann: Da bin ich aber erleichtert!

Engel 3: Aber warum hast du den Sack genommen, Befana?

Befana: *(schluchzend)* Der Weihnachtsmann ist viel berühmter als ich. Bisher waren wir befreundet, deswegen konnte ich es verschmerzen. Aber im letzten Jahr hat er sich kein einziges Mal bei mir gemeldet!

Weihnachtsmann: Habe ich nicht? Wir trinken doch wenigstens einmal im Jahr Kaffee zusammen!

Befana: Sonst haben wir das getan. Aber in diesem Jahr hast du dich nur mit Väterchen Frost aus Russland getroffen. Und ich wurde nicht eingeladen! *(Sie schnaubt sich die Nase.)*

Ina Hesse: Weihnachten in Gefahr
© Persen Verlag

Weihnachtsmann: Ach du meine Güte! Ich hab's glatt vergessen. Im nächsten Jahr bist du auf jeden Fall wieder dabei, Befana.

Befana: Verzeihst du mir denn, Weihnachtsmann?

Weihnachtsmann: Na ja, es wäre mir lieber gewesen, wenn du mich einfach angerufen hättest, statt dieser Aufregung …
Aber – ein Weihnachtsmann ist nicht nachtragend!

Befana: Danke, mein lieber Weihnachtsmann. Ich hätte den Sack sowieso rechtzeitig wieder zurückgebracht, wenn ihr nicht gekommen wäret. Aber es war gemein von mir und passiert nie wieder, versprochen.

Engel 1: Ende gut, alles gut!

Alle ital. Wichtel: *(rufen:)* Essen ist fertig!

Befana: Tut mir den Gefallen und bleibt zum Essen!

Weihnachtsmann: Ich habe jetzt tatsächlich einen ordentlichen Appetit!

Engel 1: Eine Stärkung vor der Heimreise …

Engel 2 + 3: … kann nicht schaden.

Befana: Buon appetito!

Sie gehen von der Bühne. Vorhang zu!

Die Wichtelwerkstatt wird weggeräumt.

© Persen Verlag

Schlussszene

Vorhang auf!

Weihnachtsmann und Engel kommen auf die frei geräumte Bühne …

Weihnachtsmann: Wie schön, wieder am Nordpol zu sein!
Auch wenn das Essen in Italien vorzüglich ist!

Vier Wichtel kommen auf die Bühne.

Wichtel 1: Da seid ihr ja wieder!

Wichtel 2: Habt ihr den Sack gefunden?

Engel 3: Ja, er steht schon im Weihnachtsbüro!

Wichtel 3: Was für eine Freude!

Wichtel 4: Darauf sollten wir singen!

Weihnachtsmann: Da habt ihr Recht.
(Er ruft:) Alle mal herkommen! Wir wollen singen!

Alle Schauspieler kommen auf die Bühne, stellen sich im Halbkreis auf und singen ein Weihnachtslied. (Befana und die italienischen Wichtel haben sich umkostümiert/umgezogen.)

Zu empfehlende Lieder: „Kling Glöckchen“ / „Fröhliche Weihnacht“ / „Am Weihnachtsbaume die Lichter brennen“ / „Feliz Navidad“ / „Wir wünschen euch frohe Weihnacht“ / „We wish you a Merry Christmas“

Ina Hesse: Weihnachten in Gefahr
© Persen Verlag

„Hicks!“

Alle Rollen können selbstverständlich von Jungen wie Mädchen besetzt werden.

Rollen
- Weihnachtsmann
- 14 Wichtel
- 3 Engel (Kann auf 2 Engel reduziert werden.)
- Instrumentalgruppe, die „himmlische Klänge“ spielt (2–4 Kinder, können aber auch die Schauspieler übernehmen)

Kostüme
- Weihnachtsmann- und Wichtelkostüme: Siehe Hinweise auf Seite 8.
- Engelkostüme: Siehe Seite 15.

Musik/Geräusche
- Anregungen für Klänge, die beim Auf- und Abgang der Engel („himmlische Klänge“) zu hören sind, finden Sie auf Seite 9 und 15.
- Weihnachtlicher Popsong (Vorschläge dazu auf Seite 9)
- Die vorgeschlagenen Lieder am Schluss können durch ein beliebiges Weihnachtslied Ihrer Wahl ersetzt werden.

Bühnenausstattung
- Hintergrund: neutral oder weihnachtlich (Schön wären ein paar Tannenbäume, evtl. „schneebedeckt“, man kann sie aber auch weglassen.)

© Persen Verlag

„Hicks!“

Vorhang auf!

Wichtel 1: *(kommt mit zwei Geschenkpaketen (Attrappen) auf die Bühne, bleibt in der Mitte stehen und hält Geschenke hoch)*
So, noch die letzten Geschenke zum Rentierschlitten bringen! *(geht von der Bühne)*

Wichtel 2: *(kommt auf die Bühne, hat ebenfalls zwei Geschenkpakete in der Hand)*
Dann ist alles vollgepackt! *(geht von der Bühne)*

Wichtel 3: *(kommt auf die Bühne, hält Rolle Paketband und Schere hoch)*
Und gut verschnürt! *(geht von der Bühne)*

Wichtel 4: *(kommt gut gelaunt auf die Bühne, bleibt stehen)*
Dann kann Heiligabend beginnen!

Wichtel 5: *(kommt dazu)* Sollen wir dem Weihnachtsmann schon Bescheid sagen, dass es losgehen kann?

Wichtel 4: Ja, es ist alles bereit! Drei, vier:

Wichtel 4 + 5: Weihnachtsmann, es kann losgehen!

Weihnachtsmann: *(kommt auf die Bühne)* Ich kann die Geschenke nicht verteilen!

Wichtel 4 + 5: *(erschrocken)* Aber warum denn nicht?

Weihnachtsmann: Ich habe einen fürchterlichen – hicks – Schluckauf!
So kann ich nicht vor die Kinder treten. Hicks!

Wichtel 5: Aber der geht doch bestimmt gleich wieder weg!

Wichtel 4: Von einem lächerlichen Schluckauf lässt du dich doch nicht aufhalten, oder?

Weihnachtsmann: Es ist kein lächerlicher Schluckauf!
Ich habe ihn schon seit dem frühen Morgen!

Wichtel 6: *(schleicht sich von hinten mit Wichteln 7, 8, 9, 10, 11, 12 an)*:
Buh! Haben wir dich erschreckt!

Weihnachtsmann: *(zuckt zusammen)* Huch! Was sollte das denn?

Wichtel 6: Vom Erschrecken geht der Schluckauf weg! Altes Hausrezept!

Weihnachtsmann: Hicks! Bei mir nicht!

Ina Hesse: Weihnachten in Gefahr
© Persen Verlag

Wichtel 7: Das hat bei mir auch noch nie geholfen!
(hält Weihnachtsmann eine Plastikflasche hin)
Du musst eine ganze Flasche Wasser auf einmal austrinken!

Wichtel 8: Das soll helfen, hab ich auch mal gehört.

Weihnachtsmann: Hicks! Ich habe zwar keinen Durst, aber – hicks ... na gut!

Er setzt die Flasche an und tut so, als wenn er sie austrinken würde.

Wichtel 6–12: *(erwartungsvoll)* Na?

Weihnachtsmann: Ich fühle mich wie eine wandelnde Wasserflasche – hicks!

Wichtel 9: Habe ich doch gleich gewusst, dass das nicht hilft!

Wichtel 10: Mir fällt da noch etwas Besseres ein: Wenn mein Vater mal Schluckauf hatte, dann stellte er sich auf ein Bein und sang „Oh Tannenbaum".
Dabei musste er sich so konzentrieren, dass der Schluckauf verschwand!

Weihnachtsmann: Ich mache mich nicht lächer... – hicks!

Wichtel 11: Aber Weihnachtsmann, wir müssen doch alles versuchen! Es geht schließlich um die Bescherung!

Weihnachtsmann: Mir bleibt auch – hicks – nichts erspart. *(stellt sich auf ein Bein, singt)*
Oh Tannenbaum, oh Tannenbaum – hicks – wie grün sind deine – hicks – Blätter!

Wichtel 12: Ach, das bringt doch nichts!

Weihnachtsmann: *(nimmt Bein wieder herunter)* Und was – hicks – schlägst du vor?

Wichtel 12: Wenn ich einen hartnäckigen Schluckauf habe, sage ich das Abc rückwärts auf. Das ist hochkonzentrierte Arbeit! Dadurch werde ich ihn immer los!

Weihnachtsmann: Auch das noch! Z, Y, X – hicks – W, V, U – hicks, T, S, R – hicks ...

Wichtel 9: Wir sollten hier nicht länger herumdoktern, sondern himmlische Hilfe anfordern! Schließlich ist nicht mehr viel Zeit!

Wichtel 11: Finde ich auch! Komm, wir rufen die Engel an!

Wichtel 8: Und ich glaube, wir lassen den Weihnachtsmann jetzt mal allein. Man sagt ja: Zu viele Köche verderben den Brei!

Weihnachtsmann: Hicks – ist mir Recht!

© Persen Verlag

Die Wichtel gehen von der Bühne.

Himmlische Klänge ertönen. Vier Engel kommen auf die Bühne.

Engel 1: Na, wo drückt es, Weihnachtsmann?

Weihnachtsmann: Ich habe einen – hicks!

Engel 2: Ah, du hast einen Schluckauf.

Weihnachtsmann: Und was für einen! Seit dem frühen Morgen!

Engel 3: Na, das kriegen wir schon in den Griff!

Engel 4: Wir probieren es erstmal mit Engelstaub *(hält Säckchen hoch).* Der wirkt fast immer!
(tut so, als ob er/sie dem Weihnachtsmann eine Handvoll ins Gesicht streuen würde)

Weihnachtsmann: Hatschie!

Engel 1: Ich muss auch immer niesen davon. Aber es hilft!

Weihnachtsmann: Hicks! Ich fürchte, bei mir nicht.

Engel 2: Macht nichts. Wir haben ja noch mehr auf Lager!

Engel 3: Tanzen entspannt Körper und Geist! Da hat dein Schluckauf keine Chance.

Musik erklingt (weihnachtlicher Popsong, z. B. „Feliz Navidad“, „Marys Boychild“ …)
Engel und Weihnachtsmann stellen sich verteilt auf (evtl. in Formation). Engel machen abwechselnd Tanzbewegungen vor, Weihnachtsmann ahmt nach. Musik wird leiser. Engel hören schließlich auf zu tanzen.

Engel 4: Na, wie geht es dir, Weihnachtsmann?

Weihnachtsmann: Gut, das hat Spaß gemacht.

Engel 1: Und den Schluckauf bist du los, nicht wahr?

Weihnachtsmann: Ich glaube schon … *(Pause)* … Hicks! Doch nicht!

Die Engel ziehen ratlos die Schultern hoch.

Wichtel 13 + 14 kommen außer Atem auf die Bühne gerannt, einer hat eine Zeitung in der Hand.

Wichtel 13: Weihnachtsmann, hier kommt die Sonderausgabe des Rentierkuriers!

Ina Hesse: Weihnachten in Gefahr
© Persen Verlag

Wichtel 14: Mit großer Schlagzeile auf der Titelseite!

Weihnachtsmann: Hicks – was schreiben sie denn?

Wichtel 13: *(schlägt Zeitung glatt, „liest“ laut vor)* Weihnachten ohne Weihnachtsmann!

Weihnachtsmann: *(empört)* Was? Lies weiter!

Wichtel 14: *(liest weiter)* In diesem Jahr werden die Kinder umsonst auf ihn warten!

Wichtel 13: *(liest weiter)* Der Weihnachtsmann leidet an einem schweren Schluckauf und wird die Geschenke nicht verteilen können!

Weihnachtsmann: So ein Blödsinn! Also, was diesen Reportern immer einfällt! Da bin ich ja in meiner Weihnachtsmannehre gekränkt! *(Pause, in der alle den Weihnachtsmann erwartungsvoll anstarren)*
Natürlich werde ich die Geschenke verteilen!

Engel 1: Bist du sicher?

Weihnachtsmann: Ja, was denn sonst! Ein Weihnachtsmann lässt sich doch von einem Schluckauf nicht den Heiligabend verderben.
Ganz zu schweigen von den armen Kindern, die den ganzen Abend auf mich warten und dann traurig ins Bett gehen müssten.

Alle Engel: Weihnachtsmann?

Weihnachtsmann: Ja?

Engel 2: Du bist den Schluckauf los!

Weihnachtsmann: Schluckauf? Welcher Schluckauf? Ach ja!
(Pause) Er ist weg!

Engel 3 + 4: Na, wenn das kein Grund zum Jubeln und – so viel Zeit muss sein – Singen ist!

Weihnachtsmann: Das stimmt!
(*ruft fröhlich:)* Alle herkommen zum Singen!

Alle Schauspieler kommen auf die Bühne, stellen sich im Halbkreis auf und singen ein Weihnachtslied.

Zu empfehlende Lieder: „Fröhliche Weihnacht“ / „Am Weihnachtsbaume“ / „Kling Glöckchen“ / „We wish you a Merry Christmas“ / „Wir wünschen euch frohe Weihnacht“ / „Feliz Navidad“

© Persen Verlag

Alle Unterrichtsmaterialien
der Verlage Auer, AOL-Verlag und PERSEN

jederzeit online verfügbar

lehrerbüro

Das Online-Portal für Unterricht und Schulalltag!